Oliver Franke

Kiel lütt

WACHHOLTZ
MURMANN PUBLISHERS

Für: ....

von: ....

Stena Line

»Kiel ist schön, sehr schön,
die schönste Stadt
im schönen Holstein.
Ein prächtiges altes Nest und
voll von netten Kerls.«

Theodor Storm

»Die Kieler Bucht, in der unsere Yacht gegen sechs Uhr Abends vor Anker ging, ist ohne Zweifel eine der schönsten und sichersten von ganz Europa!«

Paul und Jules Verne

Die Kieler Bucht zählt aufgrund ihrer guten Windverhältnisse und der abwechslungsreichen Küstenlinie zu den beliebtesten Segelrevieren der Welt.

7849
7927
7494

HEIKENDORF

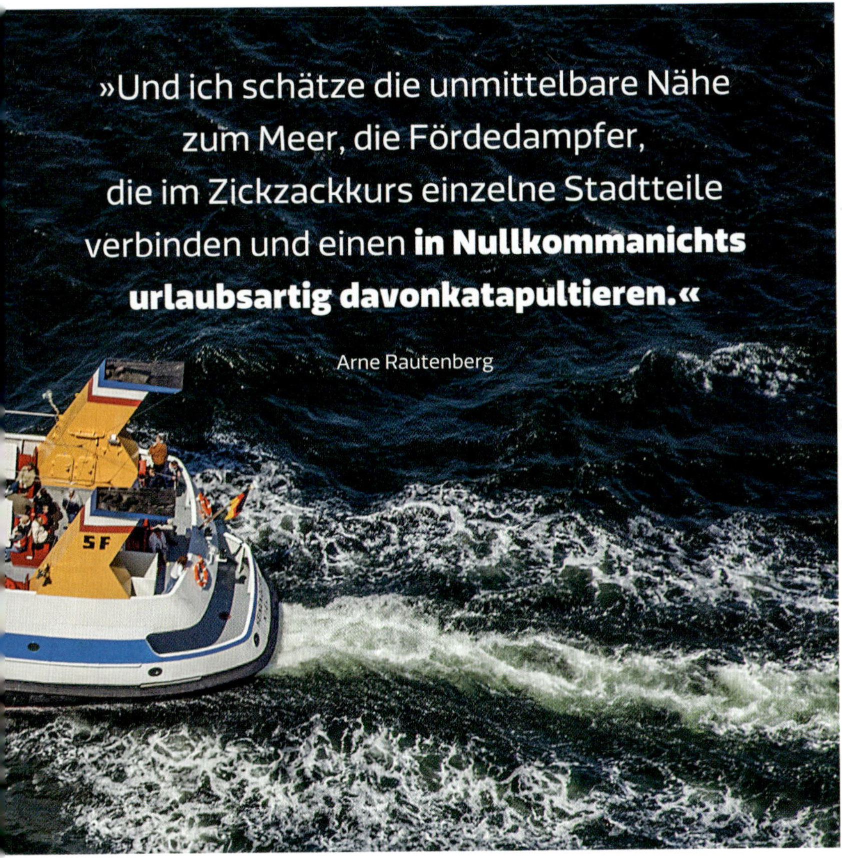

»Und ich schätze die unmittelbare Nähe
zum Meer, die Fördedampfer,
die im Zickzackkurs einzelne Stadtteile
verbinden und einen **in Nullkommanichts**
urlaubsartig davonkatapultieren.«

Arne Rautenberg

»Ist unser Leben eine Rennbahn nicht, wo jeder jeden such zu überholen?«

Detlev von Liliencron

Die markanten Bögen der Gablenzbrücke prägen die moderne Stadtsilhouette im Süden der Kieler Förde.

»Statt zu sagen:
Sitz nicht einfach nur da –
tu irgendetwas,
sollten wir das Gegenteil fordern:
Tu nicht einfach irgendetwas –
sitz nur da.«

Thich Nhat Hanh

Mit herrlichem Ausblick auf die Förde und das gegenüberliegende Ostufer lädt die Kiellinie zum Flanieren und Einkehren ein.

ANTIQUARIAT
·SCHRAMM·

blau wie

»Tief unten zu unseren Füßen liegt die Ostsee,
ein Lächeln des Himmels,
schön wie sonst nichts auf der Welt.«

Adelbert Heinrich Graf von Baudissin

Jung, sportlich, schick oder naturbelassen: In Kiel findet jeder seinen Lieblingsplatz an der Ostsee.

*»Wieviel Freude schläft in uns –
und wir wecken sie nicht!«*

*Johann Wilhelm Kinau
alias Gorch Fock*

Die Kieler Woche ist das größte Segelsportereignis der Welt –
die Windjammerparade, zumeist angeführt von der Gorch Fock,
zählt zweifelsohne zu den Höhepunkten.

»Von Kiel aus
wollten wir das Theater,
vom Theater her
die Welt erneuern.«

Carl Zuckmayer

Open-Air-Sommeroper auf dem Rathausplatz, Ballett im Opernhaus, Freilichttheater und Kleinkunstbühnen: Die Kieler Kulturszene ist lebendig und abwechslungsreich.

»Ehrliche Unwissenheit ist weniger schlimm als falsches Wissen.«

Theodor Mommsen

Das GEOMAR Helmholtz-Zentrum für Ozeanforschung Kiel mit dem beliebten Seehundbecken zählt zu den führenden Meeresforschungseinrichtungen Europas.

KIEL
12t

CUNARD

»Nur wo du
zu Fuß warst,
bist du
auch wirklich
gewesen.«

Johann Wolfgang von Goethe

In Kiel machen die Kreuzfahrtschiffe mitten in der Innenstadt fest, fußläufig von Altstadt, Geschäften und Museen entfernt.

»Wir können den Wind
nicht ändern,
aber **die Segel**
anders **setzen**.«

Aristoteles

Das Camp 24/7 ist ein soziales und
bundesweit einmaliges Projekt, das Kindern und
Jugendlichen Spaß am Segeln vermittelt.

24 | sieben
Stadtwerke Kiel
KIEL
SAILING CITY

»Gegen den Strom zu schwimmen
ist deshalb so schwer,
weil einem so viele entgegenkommen.«

Henry Ford

Badevergnügen mitten in der Kieler Förde: das beliebte Seebad in Düsternbrook mit Nichtschwimmerbereich und Kiels einziger Bar auf dem Wasser.

»... dass nämlich Eure
durchlauchtigste Hoheit
bei der Planung der Kieler Universität
mit großer Umsicht vorhergesehen hat,
**dass die Beschaffenheit der Stadt
und der Region verspreche,
große Geister hervorzubringen.«**

Caeso Gramm

Die Christian-Albrecht-Universität zu Kiel, gegründet im Jahr 1665,
ist die einzige Volluniversität Schleswig-Holsteins.

LINDENAU - DOCK 2

»Die Menschen, und nicht die Natur, machen ein Land heimisch.«

Hans Christian Andersen

In Kiel feiert Jung und Alt gern gemeinsam und für einen guten Zweck, wie beim »Festival am kleinen Strand« für Vielfalt und Toleranz vor einmaliger Kulisse.

»Nach einer guten Mahlzeit kann man allen verzeihen, selbst seinen eigenen Verwandten.«

Oscar Wilde

Auch »Currywurst des Nordens« oder »Burger der Küste« genannt: Ein Fischbrötchen gehört in Kiel zum kulinarischen Pflichtprogramm.

UTE S

»... holten die Segel nieder und
legten an den riesigen Toren
der Holtenauer Schleuse an.
**Daß sie sich für so einen winzigen
Bittsteller öffnen würden,
schien unvorstellbar.«**

Erskine Childers
in »Das Rätsel der Sandbank«

Die spektakuläre Schleusung in
Kiel-Holtenau kann von einer Aussichtsplattform
aus nächster Nähe beobachtet werden.

»Ich glaube an das Pferd. Das Automobil ist eine vorübergehende Erscheinung.«

Kaiser Wilhelm II.

Am malerischen Tiessenkai wurde der Grundstein für den Nord-Ostsee-Kanal gelegt, der 1895 von Kaiser Wilhelm II. feierlich eröffnet wurde.

»Ich möchte wohl an dem ganzen Kanal hinauf bis an die Nordsee gehen, die Schönheiten müssen zahlreich und mannigfaltig seyn.«

Johann Gottfried Seume

Der Nord-Ostsee-Kanal, die meist befahrene künstliche Wasserstraße der Welt, lockt mit Uferwegen und herrlichen Ausblicken auf riesige Frachter und Luxusliner.

»Kiel ist nichts für Sonnyboys und kleine Mädchen.

Das ist eine Stadt für richtige Frauen und richtige Jungs.«

Feridun Zaimoglu

Kiel mit seinen nahen Ostseestränden gilt als Wind- und Kitesurf-Hochburg.

»Die Lage dieser recht artigen Stadt ist sehr angenehm, und die Gegend umher bezaubernd.«

Jens Baggesen

Ostseebäder und idyllische Häfen, Fördewander- und Ostseeküsten-Radweg: Das sonnige Ostufer Kiels verspricht Abwechslung und aktives Erleben.

*»Wenn der Wind des Wandels weht, bauen die einen Mauern, die anderen **Windmühlen.**«*

Chinesisches Sprichwort

Die Mühle in Krokau ist nur eines der sehenswerten Schmuckstücke, die es im Kieler Umland zu besichtigen gibt.

WACHHOLTZ
MURMANN PUBLISHERS

Idee und Konzept: Wachholtz Verlag, Olaf Irlenkäuser, Kiel
Fotografien: Oliver Franke, Kiel
Text und Gestaltung: Strandgut / Judith Leysner und Tim Schacht, Kiel
Gesamtherstellung: Wachholtz Verlag

ISBN 978-3-529-05121-0

Besuchen Sie uns im Internet: www.wachholtz-verlag.de